目录

第三章　感恩同学及朋友 / 51

第四章　感恩社会和国家 / 73

只有认知感恩、学会感恩，才会拥有幸福的人生。

赢在感恩

收获幸福的情商课堂

郝文龙　编著

山东科学技术出版社
·济南·

图书在版编目（CIP）数据

赢在感恩 / 郝文龙编著. -- 济南 : 山东科学技术出版社, 2024. 9. -- ISBN 978-7-5723-2319-5

Ⅰ. G611

中国国家版本馆CIP数据核字第2024T3B446号

赢在感恩

YING ZAI GANEN

责任编辑：孙雅臻　庞晓峰

主管单位：山东出版传媒股份有限公司

出 版 者：山东科学技术出版社

地址：济南市市中区舜耕路 517 号

邮编：250003　电话：（0531）82098088

网址：www.lkj.com.cn

电子邮件：sdkj@sdcbcm.com

发 行 者：山东科学技术出版社

地址：济南市市中区舜耕路 517 号

邮编：250003　电话：（0531）82098067

印 刷 者：三河市南阳印刷有限公司

地址：河北省三河市杨庄镇杨庄村

邮编：065200　电话：（0316）3654999

规格： 32 开（145 mm × 210 mm）

印张： 3　**字数：** 140 千字

版次： 2024 年 9 月第 1 版　**印次：** 2024 年 9 月第 1 次印刷

定价： 49.80 元

第一章　感恩父母及长辈

·父母篇·

每天给我做好吃的饭菜

我正在长大

每天早上起床时，我们都会发现餐桌上已经准备好营养健康的饭菜；每天晚上放学回家后，又有热腾腾的饭菜等着我们。这些好吃的饭菜是谁做的呢？是很容易就做好了吗？

在这些饭菜的背后，是妈妈忙碌的身影，是爸爸笨拙的动作，正是他们日复一日地在厨房操劳着，才有那么美味可口、香气四溢的饭菜。这些饭菜里面有着满满的爱。

能看见的爱

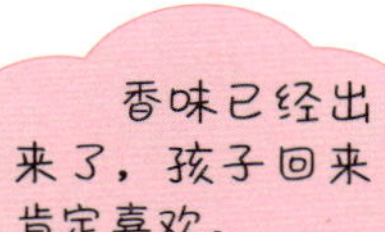

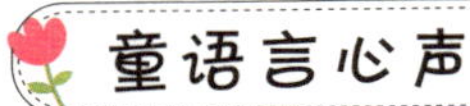

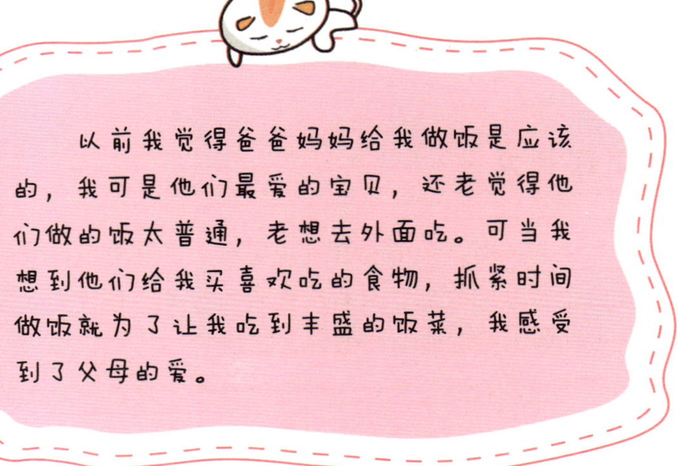

以前我觉得爸爸妈妈给我做饭是应该的，我可是他们最爱的宝贝，还老觉得他们做的饭太普通，老想去外面吃。可当我想到他们给我买喜欢吃的食物，抓紧时间做饭就为了让我吃到丰盛的饭菜，我感受到了父母的爱。

读懂父母恩

如何在父母没有吃饭的时候回报这份爱呢？

★当你发现父母没有时间吃饭时，首先要询问父母，是否用点外卖或者出去买吃的等方法填饱肚子。

★你可以帮助父母一起做饭，如择菜、洗菜、淘米等，做一些自己力所能及的事情，和父母打好配合，确保大家能尽快吃上饭。

★在平时，你可以学着做一些简单的菜，比如西红柿炒鸡蛋、凉拌西兰花等，在他们没有吃饭的时候做给他们吃。

风雨无阻地接送我上下学

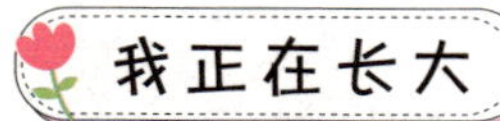

我正在长大

下雨天，我觉得很不方便，上下学路上都是来来往往的车辆和行人，交通也很拥堵。加上雨的“好朋友”风也伴随而来，有时连伞都被吹成了喇叭花，雨水还经常把我身上淋得很湿。

下雨天，当我起不来床时，爸爸妈妈已经穿戴整齐、拿好东西准备送我上学了；当我抱怨刮风下雨时，爸爸妈妈却在迎着风雨接我放学。

能看见的爱

天气预报说明天有雨，得提前给孩子准备雨具。

提前叫孩子起床，今天路上肯定堵车。

再坚持一会儿，马上到学校了。

放学再给孩子带件衣服，下了一天雨，外面一定很冷。

童语言心声

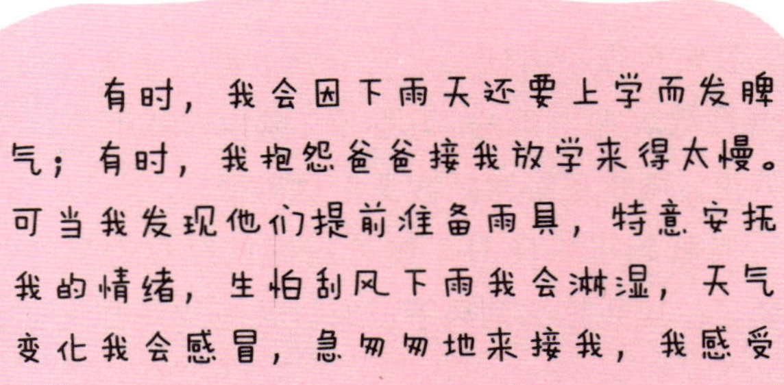

有时，我会因下雨天还要上学而发脾气；有时，我抱怨爸爸接我放学来得太慢。可当我发现他们提前准备雨具，特意安抚我的情绪，生怕刮风下雨我会淋湿，天气变化我会感冒，急匆匆地来接我，我感受到了父母的爱。

读懂父母恩

如何在下雨天父母没有带伞的时候回报这份爱呢？

下雨天，当你发现父母出门没有带伞时，要理解父母不能尽快回来，不任性地向他们发脾气，乖乖完成作业，照顾好自己，让他们放心。

你可以让父母找个地方避雨，等到雨停了再回家，或者提醒他们看附近有没有卖雨具的地方，让他们尽量不要淋雨。

在家里你可以提前烧好热水，准备好毛巾和吹风机等，方便他们回家之后使用。

耐心地辅导我写作业

上学之后，老师每天都会布置一些作业。小朋友们，你们觉得自己的作业多吗？写作业的时候态度认真吗？当遇到不会做的题时，该怎么办呢？是谁在辅导你呢？

当坐在书桌前写作业时，家人也会在身边陪着我。他们告诉我可以按照从易到难的顺序逐个完成自己的作业，也会让我在规定的时间内写完作业。我有不会做的题，他们耐心地辅导我。

能看见的爱

我们先来读一下题，看清楚题目要求。

想一下今天老师讲的知识，哪个能用上。

那我们现在试一下，看这样能不能算出答案。

你认真审题，结合知识点做题……你已经算出来了！

童语言心声

写作业的时候，我有时不太自觉，想着赶紧写完去玩儿。碰见不会做的题就随便乱写一通，还害怕被父母发现，生怕被批评。可父母一直陪着我一起学习，还耐心地辅导我写作业，并不会批评或者说我很笨，我感受到了父母的爱。

读懂父母恩

如何在父母工作的时候回报这份爱呢？

★ 当父母工作时，我首先要做到不打扰他们，把自己的事情做好，避免影响他们的工作状态。

★ 我还可以给他们准备一些水果和温开水，在他们需要的时候送给他们。

★ 我可以找点自己喜欢的事情做，比如画画、拼装玩具等，保持安静，让他们有个良好的工作环境。

鼓励我找到自己喜欢的事情

我正在长大

上学后，学习就是我的主要任务。除了学习，还有五花八门的兴趣班天天在宣传，画画、主持、游泳、钢琴……我感觉每个都很好玩儿，都想尝试一下。

小朋友，当你想报某个兴趣班的时候，父母是什么态度呢？会觉得浪费钱直接拒绝还是照单全收都让你去尝试？你想学的是哪个呢？他们有没有鼓励你去做自己喜欢的事情？

能看见的爱

童语言心声

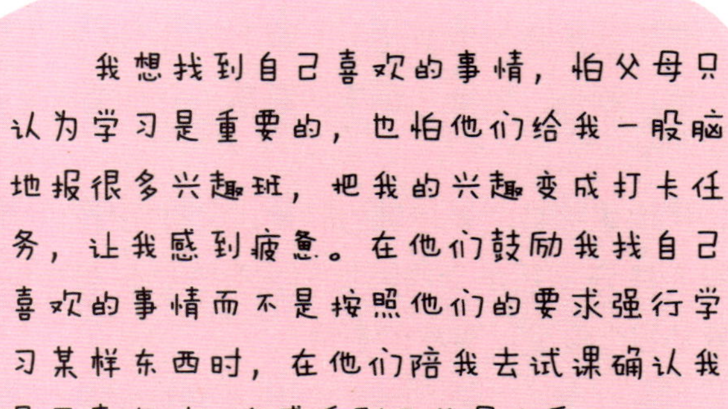

我想找到自己喜欢的事情，怕父母只认为学习是重要的，也怕他们给我一股脑地报很多兴趣班，把我的兴趣变成打卡任务，让我感到疲惫。在他们鼓励我找自己喜欢的事情而不是按照他们的要求强行学习某样东西时，在他们陪我去试课确认我是否喜欢时，我感受到了父母的爱。

读懂父母恩

如何在父母喜欢某件事的时候回报这份爱呢？

★ 首先我要表示理解和支持，每个人都有自己喜欢的事情，父母有自己的喜好也是一件好事。

★ 我可以多多肯定他们，他们喜欢的事情，不管做得好与坏，只要他们感受到了乐趣就足够了。

★ 有时间的时候，我也可以参与到他们喜欢的事情中，和他们一起学习、交流，相信他们也会很高兴。

生病的日子日夜守护

我正在长大

小朋友，你们生病的时候是什么样的？会像我一样，很难受，没有力气说话，什么也不想做吗？会像我一样，想要有家人的关心和照顾吗？

当你们生病的时候，父母是第一时间发现的吗？他们做了什么，又说了什么呢？你是否能从他们看似责怪的话语中听出关心和担忧，是否能从他们忙碌的身影中感受到深深的爱？

能看见的爱

童语言心声

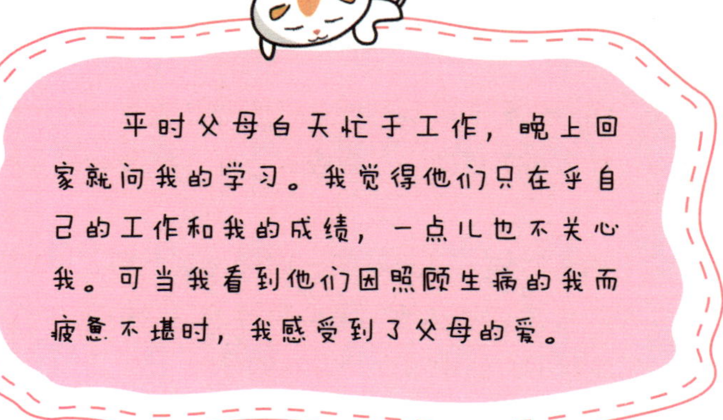

平时父母白天忙于工作，晚上回家就问我的学习。我觉得他们只在乎自己的工作和我的成绩，一点儿也不关心我。可当我看到他们因照顾生病的我而疲惫不堪时，我感受到了父母的爱。

读懂父母恩

如何在父母生病时回报这份爱呢？

- 当你发现父母身体不适时，首先要表达你的关心和担忧，陪在他们身边。
- 你可以主动承担一些家务活，如洗碗、打扫卫生等，减轻父母的负担。
- 尝试为父母准备一些简单的药物或食物，按照医生的嘱咐督促他们服药。
- 你要照顾好自己，写作业不让催促，按时起床不拖沓，不让他们为你担心。

我被别人欺负时坚定地维护我

我正在长大

小朋友，你们有被别人欺负过吗？当你的长相、身材或者学习成绩不如人时，当你的性格比较安静习惯忍让时，有些同学反而会来欺负你。

可是我们的力量还很有限，应对的方式也可能不那么周全。这时，我们不希望家长也在我们的身上找问题，而是想要他们能够坚定地站在我们身边，维护我们。

能看见的爱

童语言心声

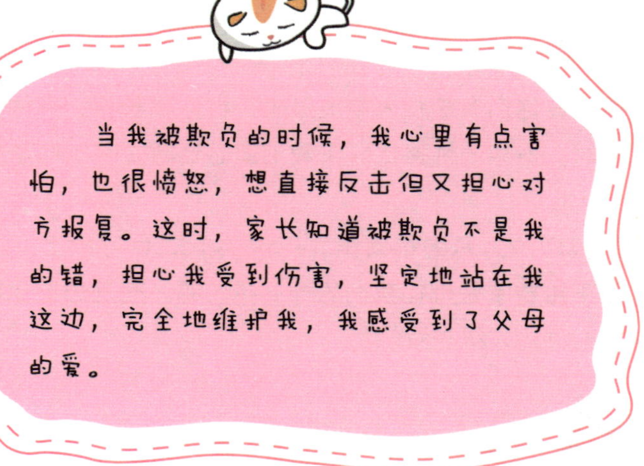

当我被欺负的时候，我心里有点害怕，也很愤怒，想直接反击但又担心对方报复。这时，家长知道被欺负不是我的错，担心我受到伤害，坚定地站在我这边，完全地维护我，我感受到了父母的爱。

读懂父母恩

如何在父母需要坚定维护的时候回报这份爱呢？

⭐ 在他们被老板、同事或者邻居甚至亲戚欺负的时候，我应该相信我的爸爸妈妈有能力处理好这样的问题。

⭐ 坚定地站在父母的一边，告诉他们我的爸爸妈妈没有做错事情，不应该被欺负。

⭐ 如果有现实的冲突发生，我要注意保护好自己，不让爸爸妈妈分心。

我被冤枉时一直相信我

我正在长大

你有没有被冤枉的时候？同学怀疑你拿了他的玩具，老师说你这次成绩比之前高很多不正常，甚至邻居的东西丢了以为是你拿的。这时，你是不是特别想要有个人一直相信你？

在同学面前无法证明，在老师口中不好解释，邻居也以为你在找理由。当父母第一时间赶到之后，他们询问经过时你是否害怕他们也不相信你，认为是你做的？

能看见的爱

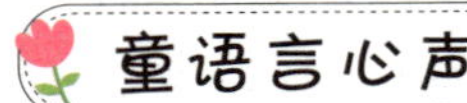

童语言心声

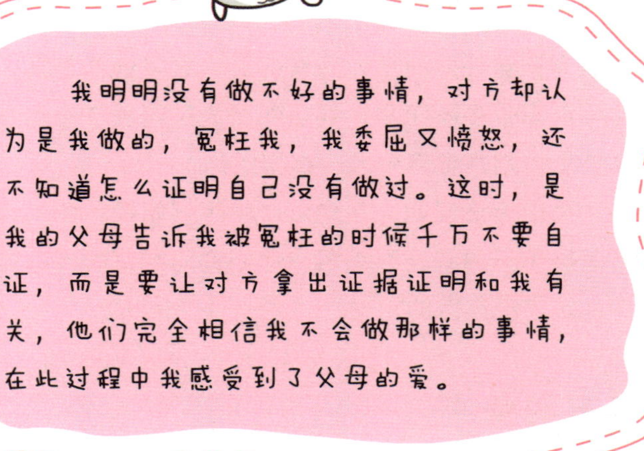

我明明没有做不好的事情，对方却认为是我做的，冤枉我，我委屈又愤怒，还不知道怎么证明自己没有做过。这时，是我的父母告诉我被冤枉的时候千万不要自证，而是要让对方拿出证据证明和我有关，他们完全相信我不会做那样的事情，在此过程中我感受到了父母的爱。

读懂父母恩

如何在父母被冤枉的时候回报这份爱呢？

- 我可以用语言表达对爸爸妈妈的信任，告诉他们我相信他们，爱他们。
- 我还能给父母表演一些小节目，尤其是被冤枉之后又真相大白的事情，就像我在动画片里看到的那样。
- 用零花钱给父母买些他们爱吃的点心，安慰他们受伤的内心。

我做错事时不纵容我

孩子们，你们有没有做错事的时候？不小心把别人的东西弄坏了，在外面和小朋友打架了，踢足球踢到了玻璃上，等等。这时你们是怎么想的？是很害怕被批评，还是想假装隐藏不被发现呢？

在家人发现你做错事并责备你的时候，你是否意识到了自己的错误？当他们拉着你去给别人道歉时，你是否会委屈，觉得他们不爱你了？其实，这正是源于他们对你的爱。

能看见的爱

童语言心声

平时爸爸妈妈是那么宠我爱我，给我做好吃的饭菜，买好玩的玩具，还辅导我学习，可是，当我犯了错误他们就十分严肃，我以为我犯了错误他们就不爱我了。可在他们愿意听我说事情经过，理解我，安抚我，告诉我要承担责任，并带着我弥补错误时，我感受到了父母的爱。

读懂父母恩

如何在父母出错的时候回报这份爱呢？

理解他们，人非圣贤，孰能无过。父母犯错误也是有原因的，这并不影响他们对我们的爱，也不影响我们对他们的爱。

用语言告诉他们，我们相信他们肯定可以想到办法解决问题，找到机会改正。

我上台表演时帮我缓解紧张情绪

我正在长大

马上就要上台表演了，听着主持人的开场白，看着那么多参加比赛的人，想到台下一排排的观众，我的心里紧张极了。这么多人在，要是没发挥好可怎么办？要是中间忘词了该怎么办？

爸爸妈妈看到我很紧张，非常理解我，告诉我表演前紧张是正常的，带着我做深呼吸，让我放松下来，拍拍我的肩膀，对我说要相信自己，表演一定会成功。

能看见的爱

童语言心声

我练习时，妈妈和老师讨论怎么可以表演得更好，爸爸也说表演完就去庆祝。他们都希望我表演得很精彩，我也想成为表演得最棒的那一个，所以我非常紧张。可在他们的夸奖和支持下，我慢慢放松了下来，开始专注表演。在他们的陪伴下，我感受到了父母的爱。

读懂父母恩

如何在父母紧张的时候回报这份爱呢？

你可以给他们讲一些笑话或者自己的趣事，让他们放松下来。

你带着他们一起站起来，走一走动一动，让他们的身体放松。

告诉他们，大人也会紧张。这是很正常的事情，你会永远支持他们。

我表现不如别人时一直肯定我

 我正在长大

我报名参加了一个活动，发现大家都很厉害，可是我的表现却不是很好，成绩远远排在后面。我开始怀疑自己，我是不是真的这么差劲，比不上别人，下次还是不参加了。

我难受不已，妈妈走过来给我看她帮我拍的照片，爸爸也一直肯定我，说我很勇敢，很棒。当得知我的想法时，他们和我一起分析原因，陪我继续练习，鼓励我说下次肯定会更好，他们永远以我为傲。

 能看见的爱

童语言心声

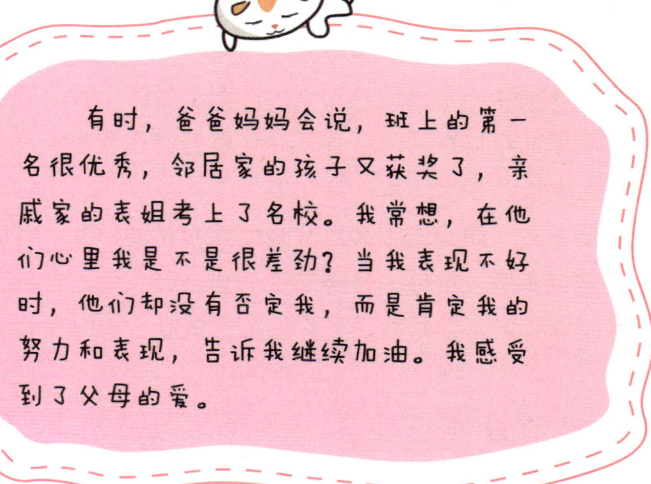

有时，爸爸妈妈会说，班上的第一名很优秀，邻居家的孩子又获奖了，亲戚家的表姐考上了名校。我常想，在他们心里我是不是很差劲？当我表现不好时，他们却没有否定我，而是肯定我的努力和表现，告诉我继续加油。我感受到了父母的爱。

读懂父母恩

如何在父母工作受挫的时候回报这份爱呢？

- 我把自己的事情做好，帮着家里做一些家务，不让他们更加心烦意乱。
- 我可以拿一些他们喜欢吃的东西或者牛奶给他们，给他们放一些轻松舒缓的音乐，给他们捶捶背。
- 可以像他们那样，用语言表达对他们的爱和信心，告诉他们，在我心里他们是最棒的，工作上表现不如意只是暂时的。

·长辈篇·

给予我关爱和支持

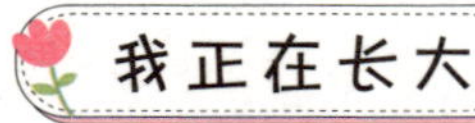

我正在长大

当我们遇到困难或挫折时，长辈们会第一时间给予我们鼓励和支持，帮助我们重新振作起来。同时，长辈们也会尽自己所能为我们提供物质上的帮助和支持，让我们更好地成长和发展。

正是长辈们用他们的爱和关心温暖了我们的心灵，才让我们感受到家的温馨和幸福。这种关爱与支持对于我们的成长来说是不可或缺的。

能看见的爱

童语言心声

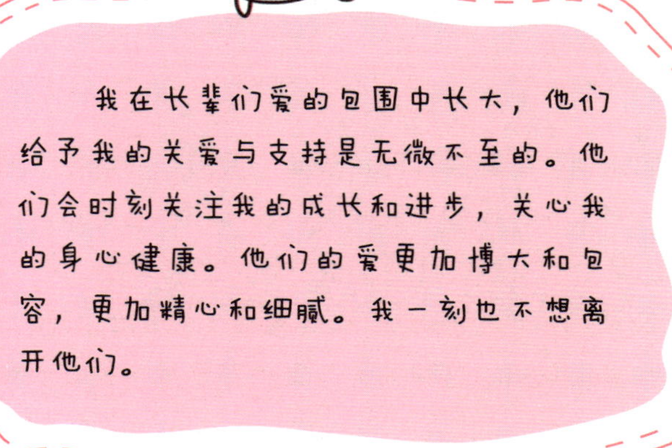

我在长辈们爱的包围中长大，他们给予我的关爱与支持是无微不至的。他们会时刻关注我的成长和进步，关心我的身心健康。他们的爱更加博大和包容，更加精心和细腻。我一刻也不想离开他们。

读懂长辈恩

如何在长辈需要的时候回报这份爱呢？

要心存感激，时刻铭记长辈们的恩情，用实际行动来表达我们的感激。比如，关心他们的身体和生活状况，为他们分担一些家务或工作上的压力。

我们也要努力学习，取得更好的成绩，好好表现，让长辈们为我们感到骄傲和欣慰。

还可以在长辈们生日或重要节日时，送上我们精心准备的礼物和祝福，让他们感受到我们的关爱和温暖。

传授我智慧和经验

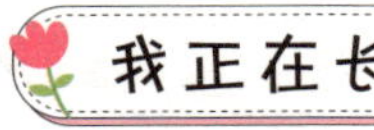

我正在长大

长辈们会给我分享自己的成功经验和失败教训，让我知道每个人的人生都有起伏和波折，要学会从中吸取教训；长辈们也会教导我如何做人、如何处事，让我学会尊重他人、关爱他人，培养良好的品德和道德观念。

他们的经验和智慧对于还没有什么人生阅历的我来说是一笔宝贵财富，能够帮助我更好地认识自己、理解世界，并成长为更加成熟、有智慧的人。

能看见的爱

童语言心声

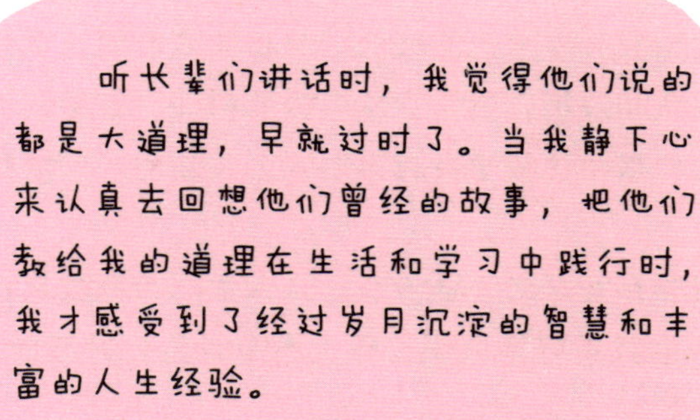

听长辈们讲话时，我觉得他们说的都是大道理，早就过时了。当我静下心来认真去回想他们曾经的故事，把他们教给我的道理在生活和学习中践行时，我才感受到了经过岁月沉淀的智慧和丰富的人生经验。

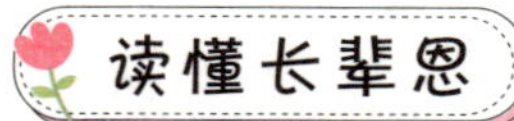

读懂长辈恩

如何在长辈需要的时候回报这份爱呢？

- 平时多去和长辈们相处，不要逃避，不要排斥。主动询问他们的人生经历，争取对自己有所启发，获得智慧和经验。

- 在日常生活中，用心体会他们教会我们的道理和原则，在和他人相处的过程中严格要求自己，培养自己的德行操守。

- 时刻注意从他们的人生经历中吸取经验教训，避免自己在人生道路上重蹈覆辙。

为了我牺牲和奉献

我正在长大

我的奶奶本来可以悠闲地生活，但她为了照顾我的饮食起居做出了牺牲；我的爷爷本来可以自在地生活，但他为了陪伴我玩耍和学习做出了牺牲。他们省吃俭用，为我购买学习用品，我想买什么好吃的也一口答应。

他们为了我的成长和幸福做出了巨大的牺牲和奉献。他们的爱是无私的、深沉的、伟大的。

能看见的爱

快来看，你最喜欢的玩具奶奶给你买回来了。

今天下雨，下午爷爷准时来接你，再给你带件外套。

宝贝，这是怎么了？心情不好啊？小姨专门陪你。

周末你妈妈要工作，这两天就跟着舅舅一起去玩儿。

童语言心声

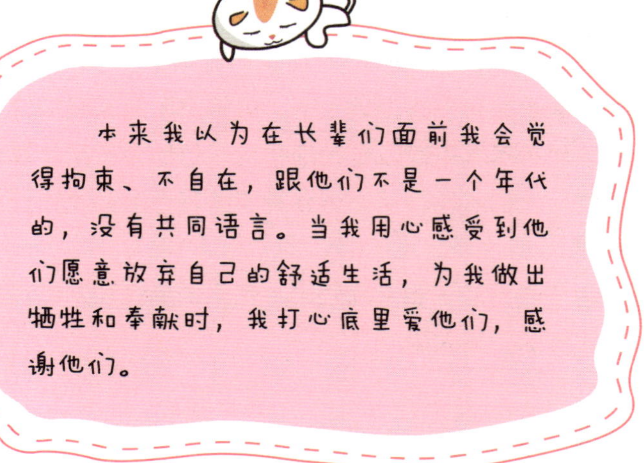

本来我以为在长辈们面前我会觉得拘束、不自在，跟他们不是一个年代的，没有共同语言。当我用心感受到他们愿意放弃自己的舒适生活，为我做出牺牲和奉献时，我打心底里爱他们，感谢他们。

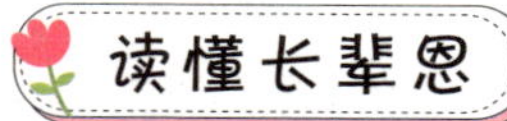

读懂长辈恩

如何在长辈需要的时候回报这份爱呢？

⭐ 我们应该时刻铭记长辈们的恩情和付出，感谢他们的养育和教诲、关爱和支持，并用自己的行动来回报他们。

⭐ 可以用一张贺卡、一个手工制品、一个拥抱、一句感谢来表达我们对长辈的爱和感恩。

⭐ 当他们身体不舒服时，给他们揉一揉，倒一杯热水；当他们心情不好时，给他们讲讲自己在学校的趣事。

创造和谐的家庭氛围

我正在长大

长辈们会定期组织家庭会议或聚餐等活动，让家庭成员可以有互相交流和分享的机会；长辈们会以身作则，把诚信、友善、勤奋等美德传递给孩子；长辈们会努力创造温馨、舒适、友爱的家庭环境，让家庭变得更美好。

正是由于他们的智慧、耐心和爱心，我们的家庭才是和谐、温馨的。这种氛围是家庭成员之间相互理解、尊重和支持的基础，也是孩子们健康成长的重要环境。

能看见的爱

第五次家庭会议现在正式开始，我们要坦诚沟通。

老板，你这个钱找多了，我给你退回去。

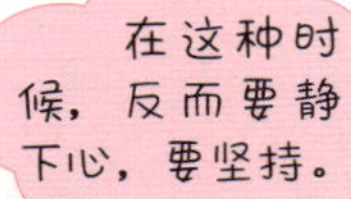

放学啦？！快坐下喝口水，咱们马上吃饭。

童语言心声

最开始，我以为长辈肯定是固执的，是无趣的。但当和爷爷奶奶包括家里的其他长辈深入接触之后，我才发现那只是我头脑里的偏见。长辈们用他们的智慧、美德和对家人的爱，努力把家庭变得更加和谐美好，让家里每个人都感到幸福。

读懂长辈恩

如何在长辈需要的时候回报这份爱呢？

★ 我们应该珍惜长辈营造的这种和谐的家庭氛围，并努力维护它，让它成为我们生活中最宝贵的财富之一。

★ 平时可以主动与长辈进行交流和分享，学习他们的经验和智慧，促进自己的成长。

★ 多多陪伴长辈，关心他们的身体，做一些力所能及的事情，使他们的心情愉悦。比如，帮他们拿东西，跟他们一起逛街等。

第二章　感恩老师及学校

·老师篇·

课堂上教授我知识

我正在长大

在课堂上，老师教给我们很多知识：我们认识了很多不同的人物，懂得了不少故事和道理，学会了一些定义与概念，掌握了应用题的解题方法，积累了许多单词和句子。

在这背后，是老师认真研读教材，专心备课，不断学习，寻找最合适的教学方式。正是因为有他们耐心细致、生动幽默的讲述，我们才学到了丰富的知识。

能看见的爱

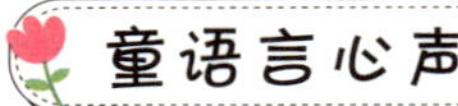

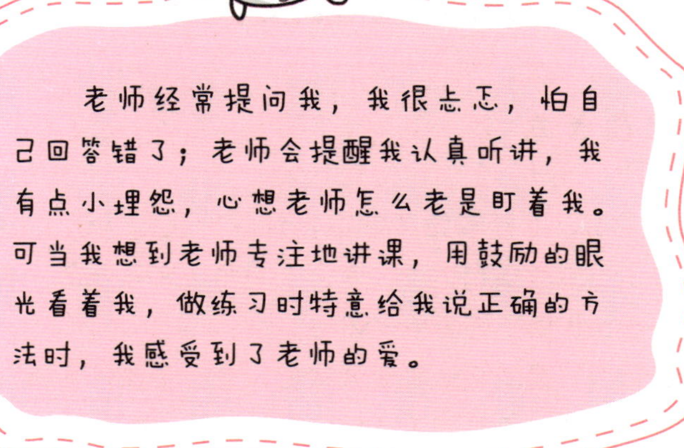

读懂老师恩

如何在学习的时候回报这份爱呢？

- 上课时认真听讲，按老师讲的知识做好笔记，记录自己不理解的部分，课下专门找机会问老师。
- 跟着老师的讲解思路走，大胆举手发言，即使答错了也没关系。
- 遵守课堂规则，不被其他的事情吸引注意力，不影响其他同学课下及时复习，完成老师布置的每一项作业。

生活上给我关爱和陪伴

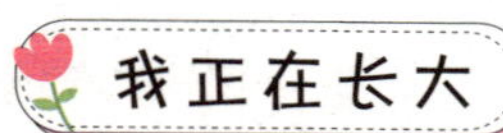

我正在长大

吃午饭时，老师会关注我们的饮食状况，并提醒我们不要浪费；突然不舒服时，老师会带我们去校医室，并让我们休息；和家人发生矛盾时，老师会倾听我们的心声，并安慰我们。

老师在生活上给予我们的关爱和陪伴，背后是他们对我们一举一动的关注，对我们身心健康的重视，对我们快乐成长的在乎。他们的一言一行里，都蕴含着深深的爱。

能看见的爱

今天中午你没吃多少，是胃口不好还是有什么事？

我看你头上都冒虚汗了，不舒服吗？

心情怎么这么低落，因为考试没考好吗？

你家长还没来，老师再给他们打个电话，陪你等一会儿。

童语言心声

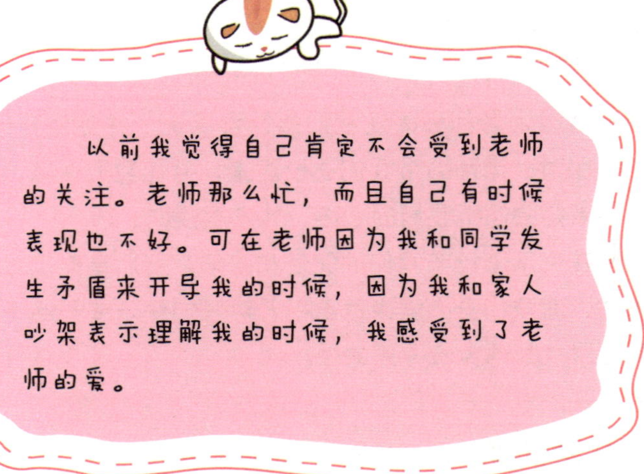

以前我觉得自己肯定不会受到老师的关注。老师那么忙，而且自己有时候表现也不好。可在老师因为我和同学发生矛盾来开导我的时候，因为我和家人吵架表示理解我的时候，我感受到了老师的爱。

读懂老师恩

如何在生活中感恩老师，回报这份爱呢？

★ 在他们累的时候，给他们接一杯水，端一个凳子，帮忙发一下作业。

★ 当老师不舒服的时候，能够遵守班级的秩序，认真学习，不用老师操心。

★ 在他们心情不好时，给他们讲笑话，转移他们的注意力。

倾听我的心声并给我鼓励

我正在长大

当我们因努力学习后，成绩依然没有进步而苦恼时，当我们因考试没发挥好而心里难受时，当我们因和家人意见不一致而伤心时，当我们因自己没有帮班级拿到名次而自责时，是谁倾听我们的心声，鼓励我们?

作为老师，会关注到每一位同学的情况，尤其是心情的变化。正是因为老师仔细用心地关注我们，才能在我们内心充满困扰、需要倾听时，给我们安慰和鼓励。

能看见的爱

童语言心声

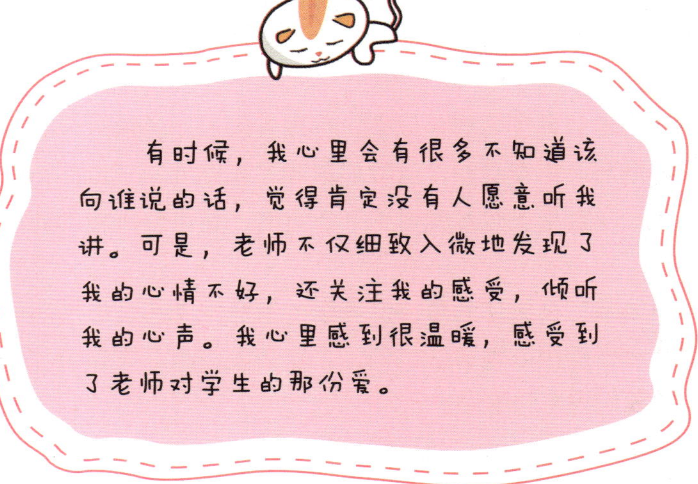

有时候，我心里会有很多不知道该向谁说的话，觉得肯定没有人愿意听我讲。可是，老师不仅细致入微地发现了我的心情不好，还关注我的感受，倾听我的心声。我心里感到很温暖，感受到了老师对学生的那份爱。

读懂老师恩

如何在老师需要的时候回报这份爱呢？

- 努力学习，提高自己，做一名积极上进、遵规守纪的好学生。
- 在他们心情不好时，不去专门打扰他们，老师也想有属于自己的独处时刻。
- 在信纸上写下想对他们说的话，或者送一些自己喜欢又能够买得起的小礼物给他们。

尊重我的个性，激发我的潜能

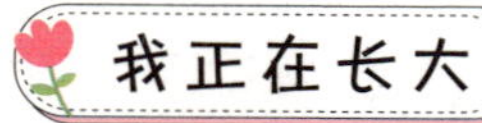

我正在长大

每个人都是独一无二的，老师能看到我们的独特之处。比如，内向的、外向的、说话比较直接的、很有主见的等。除此之外，还会鼓励我们尝试自己的兴趣，发现每个人的闪光点，激发我们的潜能。

在这些背后，是老师高尚的职业道德，也是他们育人的理念：尊重每位同学的人格和个性差异，激发学生的潜能，促进他们的成长与发展。

能看见的爱

童语言心声

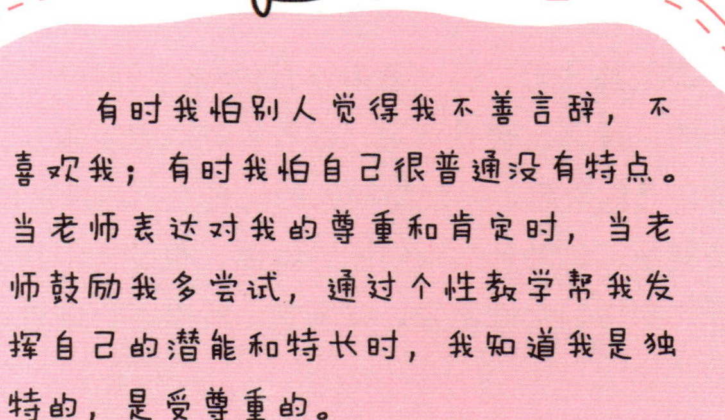

有时我怕别人觉得我不善言辞，不喜欢我；有时我怕自己很普通没有特点。当老师表达对我的尊重和肯定时，当老师鼓励我多尝试，通过个性教学帮我发挥自己的潜能和特长时，我知道我是独特的，是受尊重的。

读懂老师恩

如何在老师需要的时候回报这份爱呢？

我会发表自己的观点和看法，会彰显独特的个性，但不会伤害别人，不尊重别人，影响课堂上老师的教学，破坏学校的规章制度。

不同学科的老师各有特点，我要尊重他们的个性，学习他们的优点。

积极参与各种自我探索和实践活动，主动请求老师的指导和支持，努力发挥自己的潜能，但不因此沾沾自喜。

帮我养成良好的学习习惯

我正在长大

开学时，老师叮嘱我要带好自己的学习用品，提前预习课文；讲课时，老师提醒我要认真听讲，及时做笔记；下课后，老师告诉我要按时完成作业，认真检查。慢慢地，我养成了良好的学习习惯。

在培养好的学习习惯背后，是老师一次又一次的专门强调，是一次又一次的引起重视，还有跟我的家人一次又一次的沟通，提醒我在家学习也要养成好习惯。

能看见的爱

自己收拾好书包，把书本和文具袋都放好。

这块知识非常重要，把笔拿出来记笔记，下节课我检查。

读题的时候要认真，把题干中的信息看清楚再列式子。

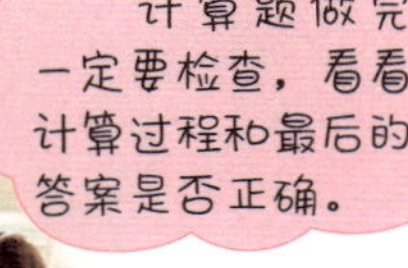

曾经，我丢三落四老是忘带东西，上课做笔记也敷衍了事，做作业也很粗心，没人看着就光顾玩了。正是有了老师的多次提醒和严格要求，我才逐渐养成了良好的学习习惯。现在即使一个人在家，我也会自觉地把作业写完再玩。我要谢谢老师。

如何在老师需要的时候回报这份爱呢？

★ 我要在做完作业后把自己的东西按照顺序放在书包里，尤其是作业，以便第二天交给老师。

★ 我能做到认真听讲，把老师讲的重点都记下来，有不理解的地方课下询问老师。

★ 我会在考试时仔细审题，把步骤一点点写出来，并进行检查，确保自己不出错。

我做错题时专门给我讲解

当我把词语的意思理解错误时，当我概括的文章不准确时，当我作文写跑题时，当我理解错题意时，当我将计算步骤写错时，当我不会用英语对话时，是老师帮助了我。

是老师保持理解和耐心，指出我的错误，引导我思考问题，然后细致地给我讲解，鼓励我从错误中学习。在老师的讲解中，我掌握了知识，也感受到了包容。

能看见的爱

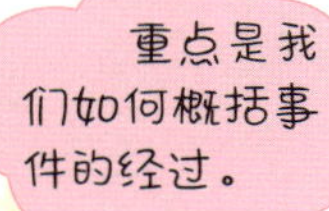

童语言心声

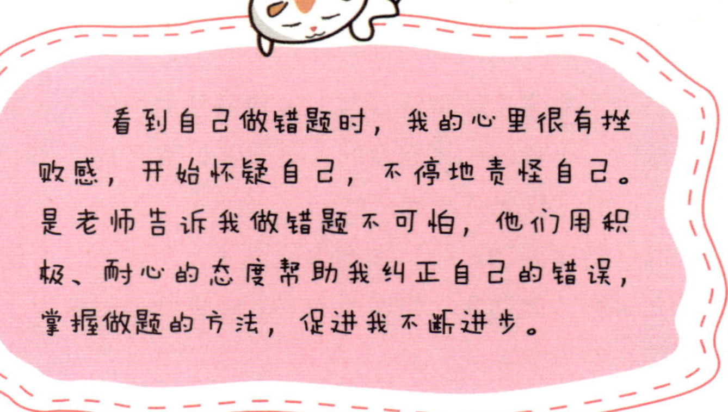

看到自己做错题时，我的心里很有挫败感，开始怀疑自己，不停地责怪自己。是老师告诉我做错题不可怕，他们用积极、耐心的态度帮助我纠正自己的错误，掌握做题的方法，促进我不断进步。

读懂老师恩

如何在老师需要的时候回报这份爱呢？

- 在做错题时，不一味地否定自己，而是分析问题，主动去询问老师，请他们讲解。
- 老师讲解时认真思考，没有听懂的地方随时提问，确保完全搞懂这道题。
- 对老师的讲解表达感谢，并且把错题抄到错题本上，随时翻阅，避免下次再犯。
- 课下多做练习，保证完全理解题目，让老师看到我们的付出和成果。

在我不想学习时特意找我沟通

我正在长大

遇到了学习上的困难时，没有学习动力时，感觉自己怎么学也学不会时，因成绩不好受到批评时，班级里的同学不喜欢自己时，老师过于严格时，有些同学会出现不想学习的情况。

当我们不想学习时，是希望自己一直保持这样的状态还是想要有人来帮助我们呢？如果有个人专门找机会和我们沟通，帮助我们分析原因、解决问题，相信我们是会很高兴的。

能看见的爱

组长说你最近经常心不在焉的，是家里有事吗？

童语言心声

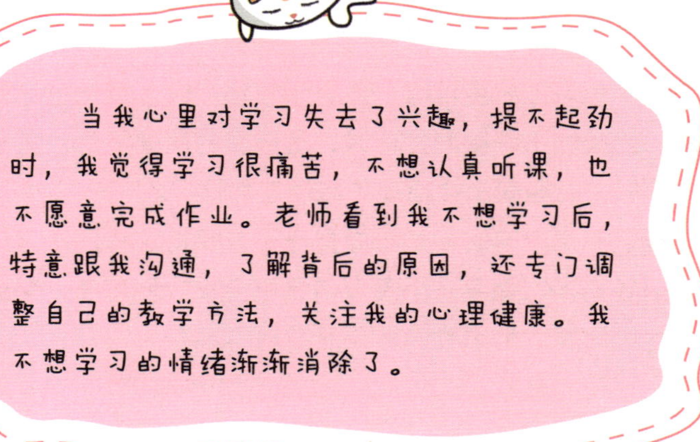

当我心里对学习失去了兴趣，提不起劲时，我觉得学习很痛苦，不想认真听课，也不愿意完成作业。老师看到我不想学习后，特意跟我沟通，了解背后的原因，还专门调整自己的教学方法，关注我的心理健康。我不想学习的情绪渐渐消除了。

读懂老师恩

如何在老师需要的时候回报这份爱呢？

- 当不想学习时，我会尝试主动和家长、老师、同学聊天，努力寻求改变。
- 我会根据自己的情况去找对应学科的老师，说出我的困扰。
- 在老师特意找我沟通时，愿意说明自己的原因，增强自己的学习动力。

·学校篇·

让我建立了同学情、师生情

我正在长大

在学校里，我认识了教书育人、传道授业的各位老师，我遇见了朝气蓬勃、团结友爱的同学。他们都是我校园生活中不可缺少的人物，也是我成长道路上的重要人物。

正因为有学校的存在，才有了无数讲解知识的老师，才有了共同求学、自我成长的同学。它就像一个宝贵的集中地，我们在这里建立起了深深的同学情和师生情。

能看见的爱

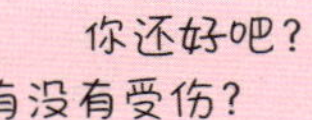

童语言心声

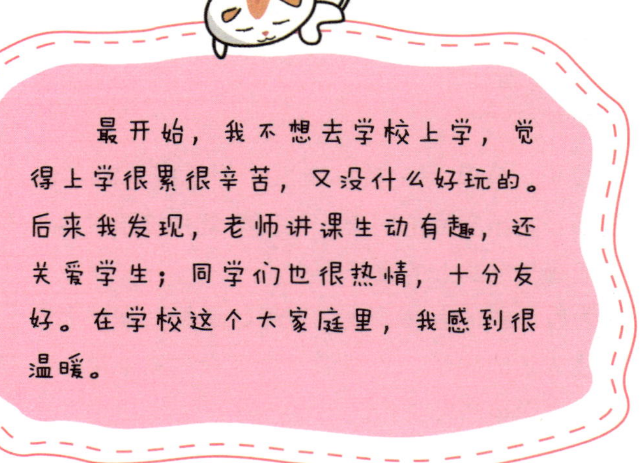

最开始，我不想去学校上学，觉得上学很累很辛苦，又没什么好玩的。后来我发现，老师讲课生动有趣，还关爱学生；同学们也很热情，十分友好。在学校这个大家庭里，我感到很温暖。

读懂学校恩

如何在学校需要的时候回报这份爱呢？

★友好地和同学相处，热情待人，真诚待人，互相关心，互相尊重。

★当同学需要帮助的时候，义不容辞地帮助对方。比如，给他讲错题，或把东西借给他。

★尊敬老师，见到老师主动问好，遵守规章制度。理解老师的辛苦和不易，主动和老师沟通交流，表达对老师的感激之情，和老师建立起良好的关系。

提供学习的机会和平台

我正在长大

学校有学生学习的教学楼，有先进的教学设备，有满是书籍的图书馆，还有专门的学生活动中心。这些地方给我们提供了学习的机会和平台。

除了常规的教学活动，还有丰富多彩的课外活动及各种各样的社团组织。这些多元的活动让我们有展示自我能力的舞台，给了我们更多的学习机会，能够让我们全方面地提升自己的能力。

能看见的爱

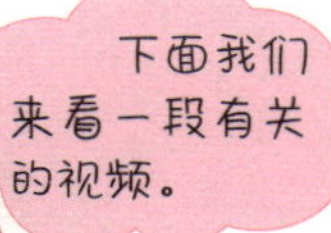

正在进行的是演讲比赛。

童语言心声

在入学之前，我没有想到学校会给我们提供这么好的学习环境，这么多的教学设备，还有丰富的课外活动和多样的社团组织。我的全面发展离不开学校给我们提供的机会和平台，我衷心地感谢我的学校，爱我的学校。

读懂学校恩

如何在学校需要的时候回报这份爱呢？

- 珍惜每一次学习的机会，认真听老师的讲解，多多进行练习，不断充实和提高自己。
- 把学校当成自己的家，保护好学校的各种东西，不乱涂乱画，不破坏东西。
- 积极参与各种课外活动，丰富自己，让自己全面发展。

培养我的品格和情操

无论是学校开设的道德教育课程，还是严格的校纪校规；无论是学校的宣传标语，还是张贴的名人介绍；无论是丰富的文化活动，还是组织的志愿活动，都培养了我们的品格和情操。

学校为了培养学生的品格和情操，采用了多种多样的方法，让学生除了文化知识的学习外，也能树立起正确的价值观和道德观，成为一个对社会有正面影响的人。

能看见的爱

宣传标语：感恩，是一种品德，更是一种责任。

司马迁：人固有一死，或重于泰山，或轻于鸿毛。

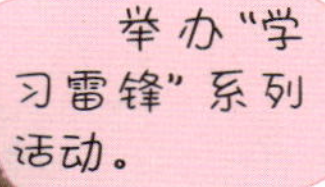

学校校训：卓越　勤奋　诚信　文明

童语言心声

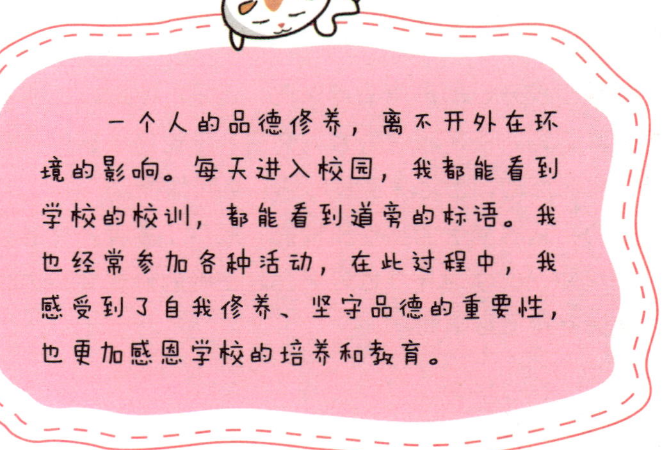

一个人的品德修养，离不开外在环境的影响。每天进入校园，我都能看到学校的校训，都能看到道旁的标语。我也经常参加各种活动，在此过程中，我感受到了自我修养、坚守品德的重要性，也更加感恩学校的培养和教育。

读懂学校恩

如何在学校需要的时候回报这份爱呢？

⭐ 牢记学校的校训，在学校和日常生活中去践行。培养自己的兴趣爱好，丰富自己的内心世界。

⭐ 随时注意自己的品德修养，保持学习的热情，增长见识，提高自己。

⭐ 树立正确的价值观，遵守社会公德和法律法规。在日常生活中，注重诚信、尊重他人、关爱社会，积极践行社会主义核心价值观。

见证我的成长和进步

我正在长大

学校作为我们人生中重要的成长阶段，见证了我们从青涩到成熟的每一次进步和成长。在学校的日子里，我们不仅学习到了专业知识，更在品德、能力、情感等方面得到了全面的提升。

学校提供了一个良好的学习环境和氛围，注重我们品德的培养，让我们建立了师生情、同学情。因此，我们可以自豪地说："学校见证了我的进步和成长。"

能看见的爱

童语言心声

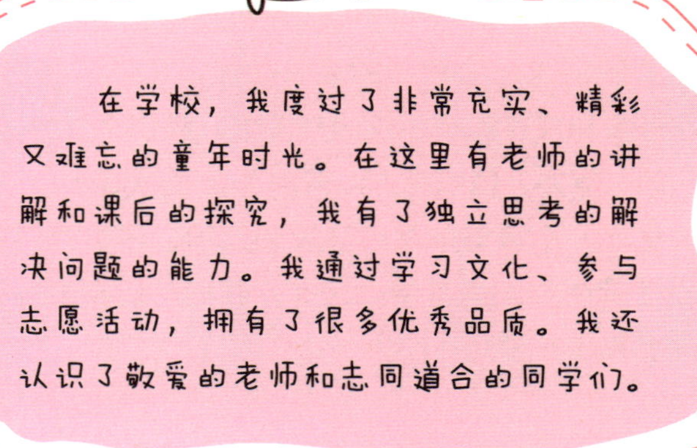

在学校，我度过了非常充实、精彩又难忘的童年时光。在这里有老师的讲解和课后的探究，我有了独立思考的解决问题的能力。我通过学习文化、参与志愿活动，拥有了很多优秀品质。我还认识了敬爱的老师和志同道合的同学们。

读懂学校恩

如何在学校需要的时候回报这份爱呢？

- 努力学习科学文化知识，不断进步，不断成长，用自己的知识和文化为社会做出贡献。
- 坚守优秀的品质，无论是现在还是未来走向社会以后，都做一个品德高尚、对社会有贡献的人。
- 感恩自己的老师，珍惜自己交到的朋友，让这些珍贵的感情成为自己成长道路上的宝贵财富。

第三章 感恩同学及朋友

·同学篇·

良性竞争激发我的学习动力

我正在长大

每个人接受知识的快慢程度不同，理解知识的能力也不同。无论是在课堂上的表现，还是平时的测验，同学们之间难免会有比较，会出现竞争，但良好的竞争是一件对我们有益的事。

当我们明确了目标是学业的进步时，当我们并不贬低和嘲笑他人时，当我们不会因别人超过我们而嫉妒时，当我们想着自己努力而不影响别人时，我们之间的竞争就是良性的。

能看见的爱

童语言心声

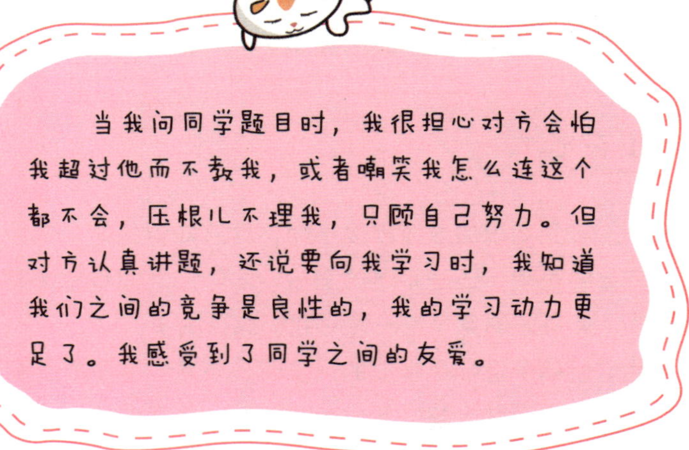

当我问同学题目时，我很担心对方会怕我超过他而不教我，或者嘲笑我怎么连这个都不会，压根儿不理我，只顾自己努力。但对方认真讲题，还说要向我学习时，我知道我们之间的竞争是良性的，我的学习动力更足了。我感受到了同学之间的友爱。

读懂同学恩

如何和同学良性竞争，回报这份爱呢？

★ 当同学的成绩不如我时，不嘲笑他们笨，反而鼓励和肯定他们，帮助他们进步。

★ 当同学有问题问我时，一定给同学讲明白，让他完全弄懂。

★ 大家你追我赶，公平竞争，不用不正当的手段影响他人的成绩，而是珍惜每一次竞争的机会。

为我提供支持和帮助

我正在长大

学习上我和同学良性竞争，生活中同学也为我提供了支持和帮助。当我忘带学习用品时，主动借我；当我没写作业时，主动提醒我；当我运动会跑步时，给我送水，等等。

正是因为有同学的支持和帮助，我的校园生活才能过得踏实和圆满。想到更多的同学支持和帮助我的画面，我的心里充满了感恩。

能看见的爱

童语言心声

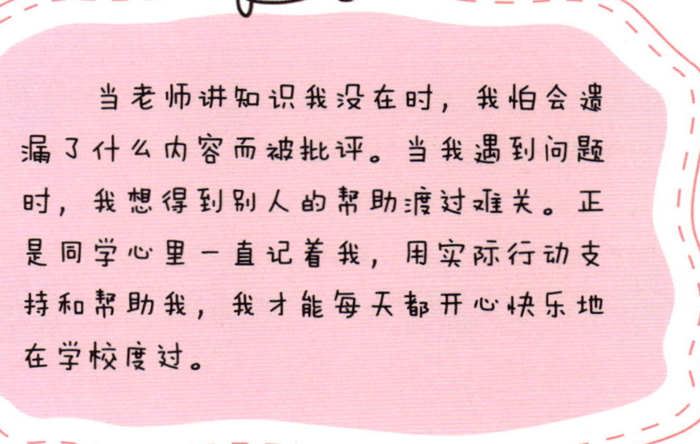

当老师讲知识我没在时，我怕会遗漏了什么内容而被批评。当我遇到问题时，我想得到别人的帮助渡过难关。正是同学心里一直记着我，用实际行动支持和帮助我，我才能每天都开心快乐地在学校度过。

读懂同学恩

如何为同学提供支持和帮助，回报这份爱呢？

不因为他们需要自己就觉得不耐烦，或者不想操这份心。同学之间的支持和帮助都是相互的。

多观察自己身边那些亲近的同学，看看有什么你能为他们做的，主动地帮助他们。

当他们需要的时候，尽全力帮助他们，分享资料也好，帮助带饭也好，打扫卫生也好。

与我共度校园中的快乐时光

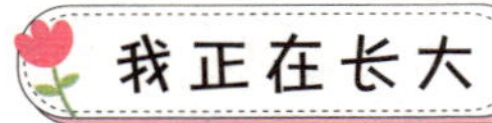

我正在长大

音乐课上，我们一起开心地唱歌；课间休息时，我们互相玩笑嬉闹；运动会上，我们并排坐着给同学加油；自由活动时，我们在操场上快乐地做着游戏。

白天，我们一直在学校度过，快乐时光里少不了同学的身影。我们一起参加了很多活动，做了很多事情，共度了难忘又美好的校园时光。

能看见的爱

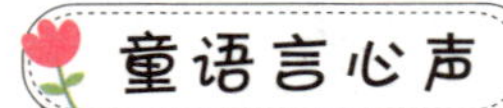

童语言心声

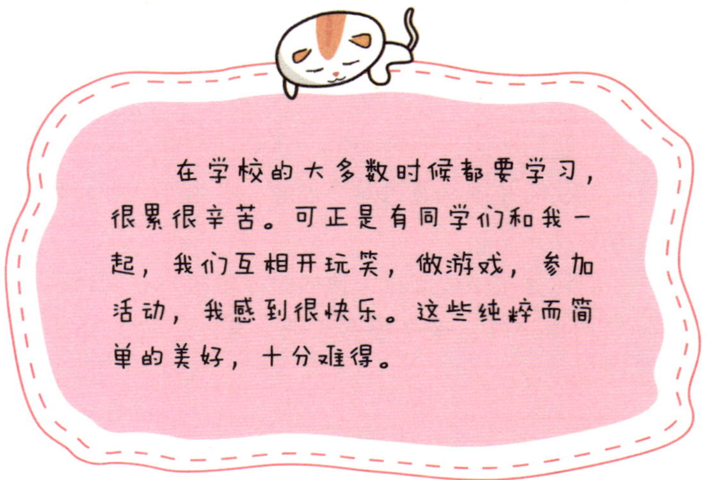

在学校的大多数时候都要学习，很累很辛苦。可正是有同学们和我一起，我们互相开玩笑，做游戏，参加活动，我感到很快乐。这些纯粹而简单的美好，十分难得。

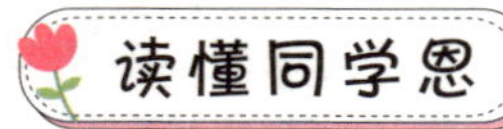

读懂同学恩

如何和同学共度校园中的快乐时光，回报这份爱呢？

⭐ 下课后主动找同学去玩，放松大脑，培养感情，可以讲笑话，可以玩游戏，让同学们快乐一会儿。

⭐ 在操场活动的时候，叫上同学一起跳大绳、踢毽子、玩老鹰捉小鸡，大家共同享受快乐的时光。

⭐ 当学校举办各种盛大的活动时，积极报名参与，丰富课余生活，感受一起参加活动的快乐。

我遇到挫折时给我安慰和鼓励

我正在长大

当我们在课堂上被老师批评时，当我们考试成绩不理想时，当我们被欺负时，当我们书法比赛没有获奖时，当我们的表演不被观众喜爱时，我们难免会觉得遇到了挫折。

这时，会有人在旁边告诉我们：“没关系，人人都有做得不好的时候，我之前也有过。我觉得你已经很棒了！遇到挫折，我们要想办法，保持好的心态，勇敢面对。”这个人，就是我们的同学。

能看见的爱

童语言心声

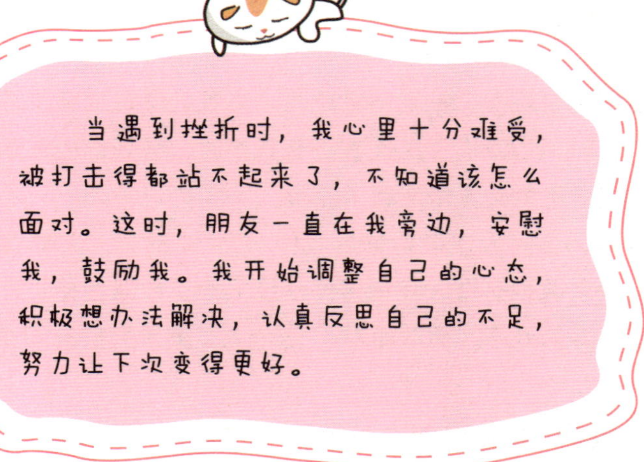

当遇到挫折时，我心里十分难受，被打击得都站不起来了，不知道该怎么面对。这时，朋友一直在我旁边，安慰我，鼓励我。我开始调整自己的心态，积极想办法解决，认真反思自己的不足，努力让下次变得更好。

读懂同学恩

如何在同学遇到挫折的时候回报这份爱呢？

★ 先对他们表示感谢，正是有他们的安慰和鼓励，我们才从挫折中走了出来，能够面对挫折。

★ 在他们遇到挫折时，主动上前安慰对方，给对方讲点儿好笑的事情，让他们从挫折中缓过来。

★ 看自己能够提供哪些帮助给他们，比如搜索资料、分析试卷等，陪着他们一起克服困难并取得更好的成绩。

与我交流学习方法和技巧

 我正在长大

学习过程中，我们有时会遇到自己不会做的题，有时会发现自己努力了还没有效果，有时想向某个学科学得好的人请教却不好开口。其实，同学之间交流学习方法和技巧是很正常的。

孔子曾经说过：“三人行，必有我师焉。”在我们的同学中，就有很多足以做我们老师的人。当大家互相交流、互相学习时，每个人都能从中学到知识。

 能看见的爱

我一般都会提前预习，了解明天的学习内容，记下自己的问题。

我会把做过的试卷收集在一起，考前重点看红笔改过的错题。

班级方法技巧交流会

我做选择题的时候会用排除法。

做作业时，我会先做简单的再做难的，不断增强自己的信心。

童语言心声

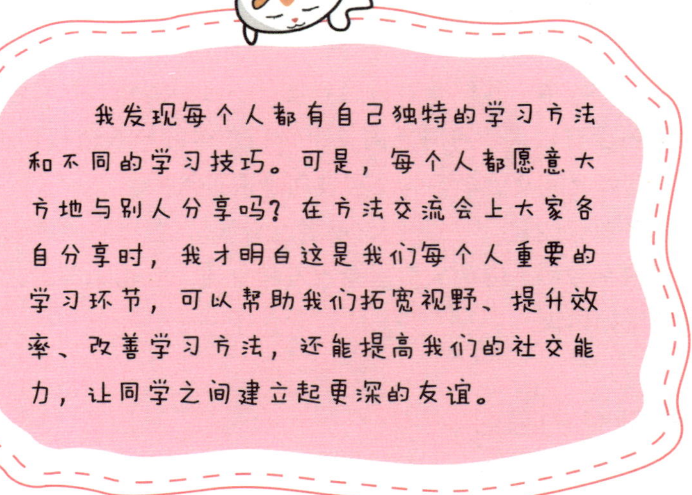

我发现每个人都有自己独特的学习方法和不同的学习技巧。可是，每个人都愿意大方地与别人分享吗？在方法交流会上大家各自分享时，我才明白这是我们每个人重要的学习环节，可以帮助我们拓宽视野、提升效率、改善学习方法，还能提高我们的社交能力，让同学之间建立起更深的友谊。

读懂同学恩

如何在同学需要交流学习方法与技巧时回报这份爱呢？

⭐ 主动分享自己的学习方法与技巧，不吝啬，不藏私。这样也可以巩固自己的学习成果。

⭐ 看到别人遇到难题时，可以提示对方，和他交流探讨，大家一起努力把题做出来。

⭐ 肯定对方的学习能力，增强对方的自信心，激励对方继续努力学习，取得进步。

我不舒服时关心我

 我正在长大

当你晚上没睡好觉、上课头痛的时候，当你肚子疼的时候，当你跑步时腿抽筋的时候，当你被人撞到地上受伤的时候，当你因与家人吵架心情不好的时候，你并不孤单。

同学的关心就像一缕春风，能给你带来安慰和力量。这种关心不仅是身体层面上的，更是一种心灵的陪伴。你的不舒服被看到了，你的感受被关注到了，你感受到了同学对你的爱。

 能看见的爱

童语言心声

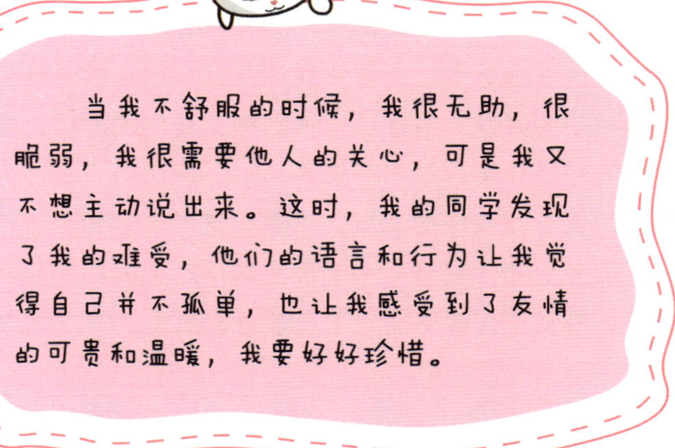

当我不舒服的时候，我很无助，很脆弱，我很需要他人的关心，可是我又不想主动说出来。这时，我的同学发现了我的难受，他们的语言和行为让我觉得自己并不孤单，也让我感受到了友情的可贵和温暖，我要好好珍惜。

读懂同学恩

如何在同学不舒服的时候回报这份爱呢？

⭐ 真诚地向他们表达自己的感谢，一句简单的“谢谢你”或一张小小的卡片都能让对方感受到你的心意。

⭐ 和对方保持友好的交往，有机会就邀请对方参加一些好玩的活动，可以是聚餐，也可以是郊游。

⭐ 时刻关注和关心身边的同学，当他们不舒服的时候主动伸出援手，尽自己所能去帮助对方。

·朋友篇·

分享我的快乐和忧伤

我正在长大

我们会和朋友一起在家里玩游戏，一起吃好吃的东西，一起去逛商场，一起去公园玩，与大家分享快乐。我们也会在考试失利时、被老师批评时、事情没做好时向朋友倾诉，让朋友分担我们的忧伤。

正因为朋友间的分享，我们的快乐才是双倍的；也正因为朋友间的分担，我们的忧伤才会减半。无论是喜还是忧，我们的身边都少不了朋友的陪伴。

能看见的爱

童语言心声

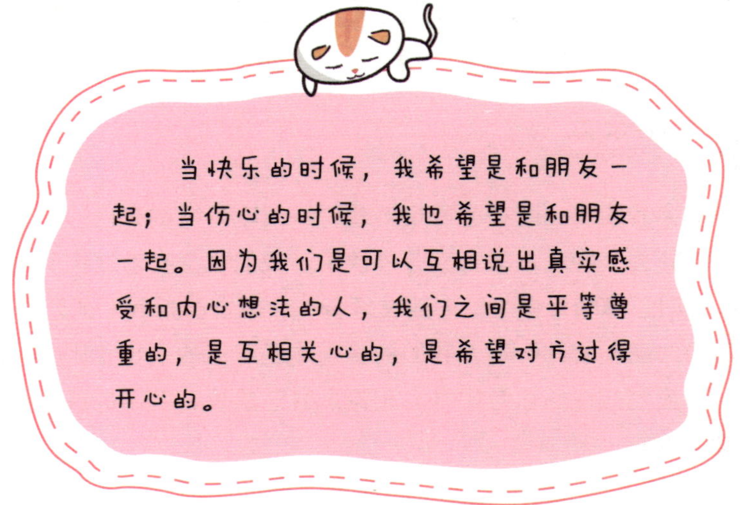

读懂朋友恩

如何在朋友分享快乐和忧伤的时候回报这份爱呢？

⭐ 有时间就约朋友一起出去玩儿，大家开心地度过快乐的一天。在对方生日的时候，给对方送上精心准备的礼物。

⭐ 当对方伤心时，尊重对方的感受和隐私，不要强迫对方说出来。当朋友愿意倾诉时，用心倾听。

⭐ 珍惜我们之间的友谊，不随意把对方的心事说给别人听。保持密切的联系，经常关心对方，让友谊之路越走越远。

给我提供情感支持

我正在长大

在我们需要倾诉的时候，朋友耐心倾听；在我们遇到困难的时候，朋友给予鼓励；在我们需要陪伴的时候，朋友给予温暖；在我们需要建议的时候，朋友给予指导；在我们成功的时候，朋友分享喜悦。

在倾听、鼓励、陪伴、建议和分享时，朋友都给了我们情感上的巨大支持。这些支持让我们更加坚强和自信，也让我们更加珍惜和感激友谊。

能看见的爱

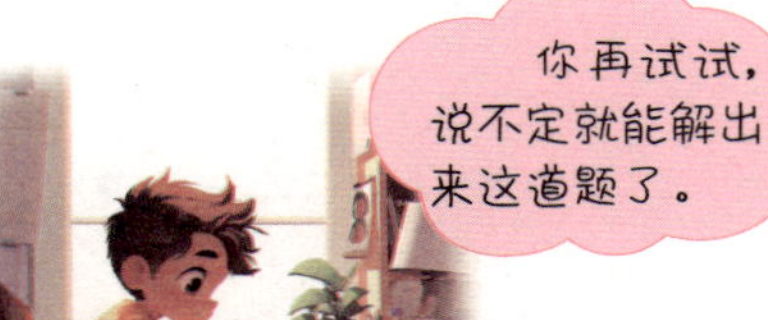

童语言心声

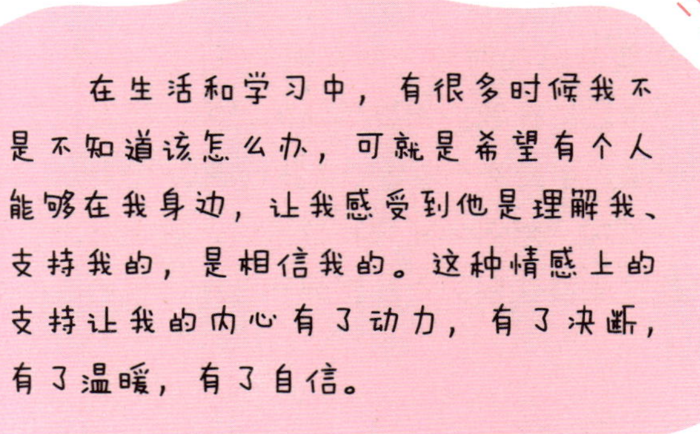

在生活和学习中，有很多时候我不是不知道该怎么办，可就是希望有个人能够在我身边，让我感受到他是理解我、支持我的，是相信我的。这种情感上的支持让我的内心有了动力，有了决断，有了温暖，有了自信。

读懂朋友恩

如何在朋友需要情感支持的时候回报这份爱呢？

★ 在充分地倾听后，站在朋友的角度思考问题，可以用语言表达自己的支持，比如“我理解你”“你已经做得很不错了”；也可以用行动表达支持，比如拍拍朋友的肩膀，或是给朋友一个拥抱。

★ 陪着朋友做一些能够使朋友快乐的事情，比如吃零食、玩游戏等。等朋友静下心来后，引导朋友往积极的方面去想，能够尊重朋友的想法，肯定朋友做出的选择。

为我提出宝贵建议

我正在长大

当我们学习上遇到困难的时候，当我们和同学发生矛盾的时候，当我们犹豫自己是否报名参加比赛的时候，当我们不确定要不要买某个东西的时候，我们都需要一个人给出宝贵的建议。

这个人必须是了解我们、尊重我们、关心我们、在乎我们的人。他是谁呢？那就是我们的朋友，朋友本身就是我们自己选择的、和我们整天相处的人。

能看见的爱

你有不会的就大胆问老师，老师肯定会给你讲的。

如果确实是你的错，你就主动去道歉啊！

你从小就一直在练钢琴，可以报名试试。

这个挺适合你的，就是有点贵，选择权交给你了。

童语言心声

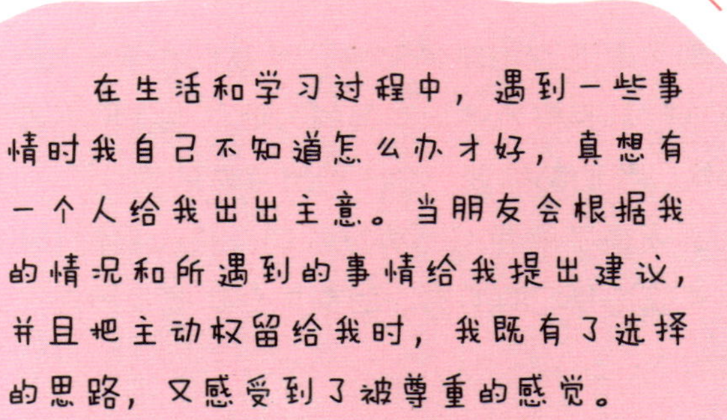

在生活和学习过程中，遇到一些事情时我自己不知道怎么办才好，真想有一个人给我出出主意。当朋友会根据我的情况和所遇到的事情给我提出建议，并且把主动权留给我时，我既有了选择的思路，又感受到了被尊重的感觉。

读懂朋友恩

如何在朋友需要建议的时候回报这份爱呢？

- 在听完建议后自己进行选择，选择的结果自己承担，不因最后的结果去责怪朋友。
- 表达对朋友的感谢，可以给对方买礼物，也可以给对方画画、唱歌等，用自己的方式表达。
- 当朋友需要的时候，根据实际情况提出自己的建议，但不干涉朋友的决定。

在我遇到困难时帮助我

我正在长大

成长过程中，我们总会遇到困难。这些困难可能来自学习方面，可能来自自己做的事情，可能和自我的条件有关，可能和与人交往有关，甚至可能和父母、家庭有关。

而我们的年龄还比较小，自身的力量也比较弱，这时就想得到朋友的帮助。在他们的理解、支持、陪伴和鼓励下，在他们的帮助下，我们渡过了难关，友谊之花也更加芬芳了。

能看见的爱

你可以在网上搜视频学习，也可以让你妈妈给你报班。

童语言心声

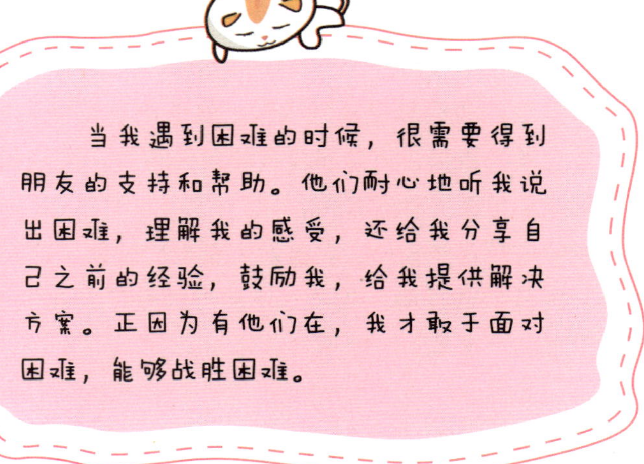

当我遇到困难的时候，很需要得到朋友的支持和帮助。他们耐心地听我说出困难，理解我的感受，还给我分享自己之前的经验，鼓励我，给我提供解决方案。正因为有他们在，我才敢于面对困难，能够战胜困难。

读懂朋友恩

如何在朋友遇到困难的时候回报这份爱呢？

- 当他们遇到困难的时候，首先要认真倾听，不急于发表自己的看法，先问问他们的真实想法。
- 看自己有什么方面能够帮到对方，比如学习资料、经典名著或是运动器材等。
- 一直陪伴和鼓励朋友，让朋友有勇气去克服困难。同时，尊重朋友，让朋友自己去处理事情。

我和家人发生冲突时陪伴我

我正在长大

当我想出去玩但家人不同意时，当我认真做完作业但错题很多时，当我想要玩一会儿手机被妈妈拒绝时，当我想给家人做饭结果把厨房弄得一团糟时，当我想买自己喜欢的东西不被允许时，都会和家人发生冲突。

这个时候，我们心里很难受，不知道该怎么与父母沟通，也不知道该怎么解决。我们需要朋友的陪伴。

能看见的爱

你是心疼家人，想给他们做饭，但确实还得练练啊！

童语言心声

当和父母闹矛盾的时候，是我最无助的时候。因为我和父母待在一起会很难受，而且也没有办法解开矛盾。在朋友的陪伴下，我渐渐冷静了下来，理解了父母的做法，也愿意和父母沟通了。

读懂朋友恩

如何在朋友和父母闹矛盾的时候回报这份爱呢？

★ 当朋友和家人闹矛盾时，我要保持中立，认真听朋友讲事情的经过，接纳他的感受。

★ 我可以表达对朋友的理解和支持，让朋友感到我的关心，同时提出一些家人的想法的可能性，供朋友参考。

★ 既要尊重朋友的隐私，也要持续关注事情的发展变化，了解朋友和家人的矛盾是否解决。

第四章　感恩社会和国家

·社会篇·

为我提供了良好的教育环境

我正在长大

社会为我们提供了良好的教育环境，这是促进每个人成长和发展的重要基石。一个良好的教育环境，不仅体现在学校的硬件设施和师资力量上，更是关乎整个社会对教育的重视、教育资源的分配以及教育理念的进步等多个方面。

随着社会的发展，教育资源越来越丰富，教育环境越来越公平，教育理念也在不断更新和完善，社会各界对教育的支持也越来越多。

能看见的爱

咱们省的图书馆真大啊，里边藏书又多，我太喜欢这里了。

我跟着爸爸妈妈来到城市，也可以就近入学。

现在可不提倡打孩子了，要鼓励、引导和启发孩子。

政府拨给学校专门的教育资金。

童语言心声

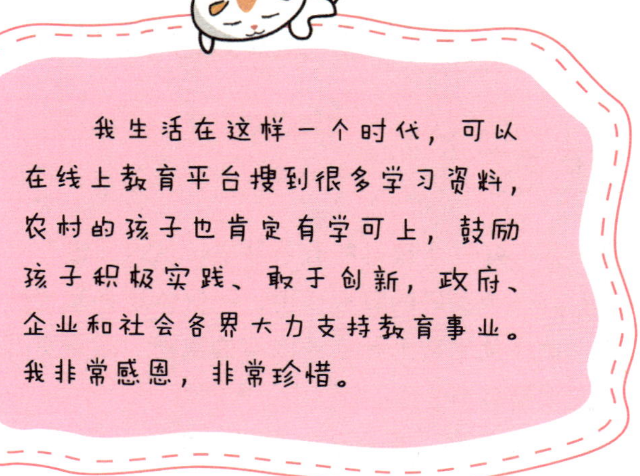

我生活在这样一个时代，可以在线上教育平台搜到很多学习资料，农村的孩子也肯定有学可上，鼓励孩子积极实践、敢于创新，政府、企业和社会各界大力支持教育事业。我非常感恩，非常珍惜。

读懂社会恩

如何在社会需要的时候回报这份爱呢？

我们应该珍惜这份来之不易的机会和资源，努力学习知识，从小树立伟大的志向，等到将来为社会贡献出自己的一分力量。

现在，我们可以用自己的方式回馈社会，比如在路上帮助老人，参加志愿活动，看到地上的垃圾把它捡起来。

看病、出游等非常方便

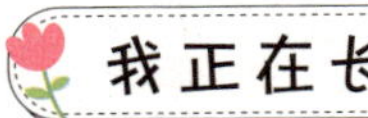

社会的进步和发展让人们的生活变得更加便捷，其中看病和出游就是两个显著的例子。

人们看病变得更加方便了：一是我们的医疗资源更丰富了，二是医疗服务更便捷了，三是医保制度更完善了。人们出游也变得更加方便了：一是交通方式更多样，二是旅游信息更丰富，三是旅游服务更完善。这些变化提高了人们的生活质量。

能看见的爱

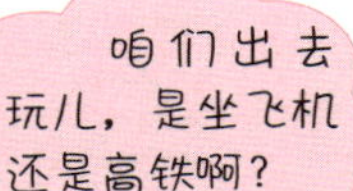

直接报旅行团吧，方便、省事，服务还周到。

童语言心声

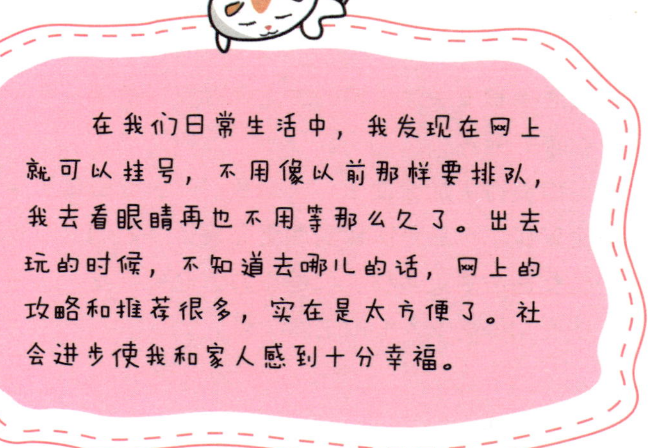

在我们日常生活中，我发现在网上就可以挂号，不用像以前那样要排队，我去看眼睛再也不用等那么久了。出去玩的时候，不知道去哪儿的话，网上的攻略和推荐很多，实在是太方便了。社会进步使我和家人感到十分幸福。

读懂社会恩

如何在社会需要的时候回报这份爱呢？

- 不要浪费医疗资源，请把看病的便利分享给身边更多的人。
- 旅游的时候要注意自己的个人素质，保护好当地的环境，不要乱扔垃圾或损坏公物。
- 对社会的进步发展充满感恩，好好锻炼自己的身体，享受和珍惜旅游的时光。

给我提供很安全的生活环境

我正在长大

社会提供了安全的生活环境，这是孩子能够安心学习，大人能够安心生活、工作的基础。一个安全的生活环境，意味着人们的人身安全、财产安全以及其他合法权益能够得到有效的保障。

营造安全的生活环境，需要通过法律法规的健全、治安防控体系的建立、应急救援体系的完善以及社会安全文化的培育等多种措施共同作用。这种安全的环境为人们的生活提供了有力的保障和支持。

能看见的爱

你们校门口那家店卖不符合安全要求的食品，被依法查处了。

现在所有的街道都有视频监控，小偷都少了很多。

消防员正在紧急寻找登山被困的人员。

提高安全意识，倡导文明风尚。

童语言心声

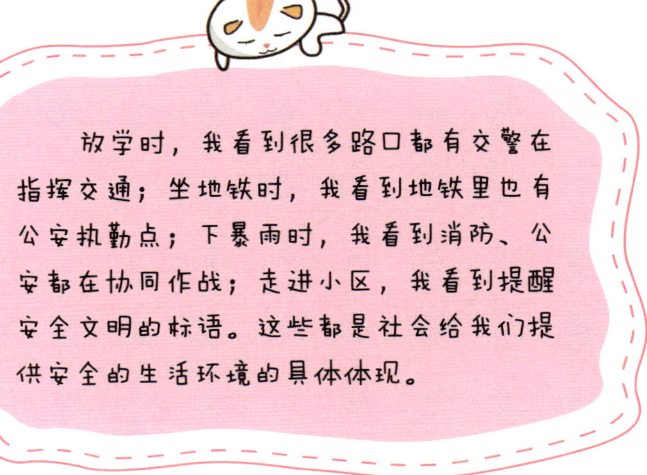

放学时，我看到很多路口都有交警在指挥交通；坐地铁时，我看到地铁里也有公安执勤点；下暴雨时，我看到消防、公安都在协同作战；走进小区，我看到提醒安全文明的标语。这些都是社会给我们提供安全的生活环境的具体体现。

读懂社会恩

如何在社会需要的时候回报这份爱呢？

⭐ 在平时的生活中，自己遵守法律法规，也提醒家人去遵守。在路上碰到有人违犯法律法规的时候，及时请成人制止对方。看到违法犯罪行为时，先保护好自己，在安全的情况下可以求助警察。

⭐ 在雨雪天气或其他严令禁止的情况下，不去爬山。关注社会安全文化与知识的宣传教育和普及，在实际生活中用自己的行动去践行。

我看到了丰富多样的不同面

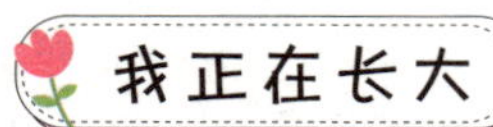

我正在长大

社会是一个复杂而多元的系统，它包含着丰富多样的不同面。这些不同的面不仅体现在经济、政治、文化等宏观层面，也渗透到人们的日常生活、思想观念、行为习惯等微观层面。

对于我们来说，社会的多样性既是挑战也是机遇。挑战在于如何协调不同利益群体之间的矛盾和冲突，维护社会的和谐稳定；机遇则在于如何利用多样性的优势推动社会的创新和发展。

能看见的爱

童语言心声

在家长、老师的讲解中，在我自己的体验里，我感受到了社会的不同面。正是这样复杂的、多样的、丰富的不同层面构成了这个社会。我们作为社会中的一分子，要不断观察和学习，更好地适应社会，让社会变得更好。

读懂社会恩

如何在社会需要的时候回报这份爱呢？

- 立足当下，在学校里认真学习，提高自己，拓展自己的视野，看到更多元的世界。

- 体验不同民族、地域的文化，了解文化的相关知识和艺术形式，认识到文化的多样性和包容性。尊重差异，接受每个人思想观念、价值观念、行为习惯的不同。

有很多为社会做贡献的人

我正在长大

社会上，有很多做出贡献的人：冲在第一线，守护人们生命健康的医护人员；用智慧和爱心，培育一代又一代青少年的人民教师；进行科技研发，推动社会进步的科学家；无私奉献、不图回报的志愿者……

他们来自各行各业，都在以自己的方式努力地付出，为社会的发展和进步贡献着自己的力量。

能看见的爱

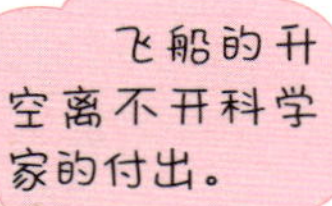

童语言心声

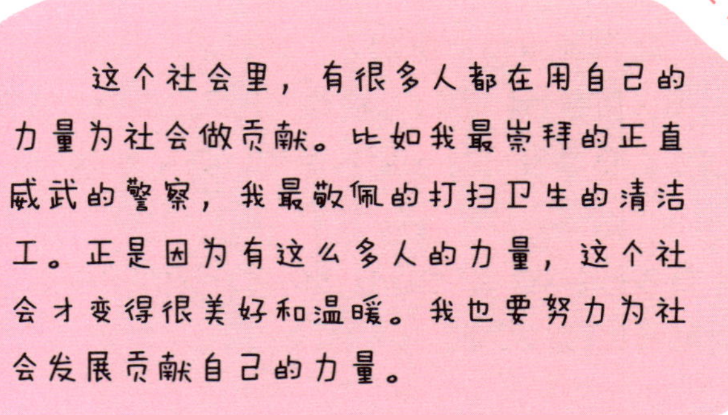

这个社会里，有很多人都在用自己的力量为社会做贡献。比如我最崇拜的正直威武的警察，我最敬佩的打扫卫生的清洁工。正是因为有这么多人的力量，这个社会才变得很美好和温暖。我也要努力为社会发展贡献自己的力量。

读懂社会恩

如何在社会需要的时候回报这份爱呢？

★ 对医护人员表示感谢，可以给他们拿一瓶水、递一块毛巾，让他们休息。对老师表达感谢，可以给他们送一张卡片、唱一首歌等。对志愿者表示感谢，正是他们的爱心帮助了更多的人。

★ 在学校里认真学习，在家里做力所能及的事情，在生活中看到自己能帮助的人和事，主动上前帮助。同时，还可以和家人一起参加志愿活动，用行动献出自己的一片爱心。

当我需要时陌生人热情帮助我

我正在长大

迷路时，热心人主动上前询问我的情况，耐心地为我指路；摔倒时，旁边的人看见了立刻把我扶起来问我有没有事；东西太多时，路过的人给我搭把手。

在生活中，我们时常会遇到来自陌生人的帮助，这些温暖的瞬间让我们感受到社会的温情和美好。这些帮助可能微不足道，但却能在我们最需要的时候给予我们力量和勇气。

能看见的爱

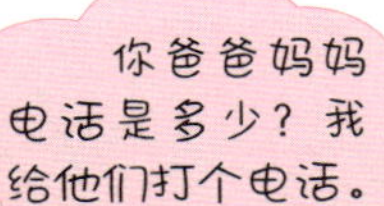

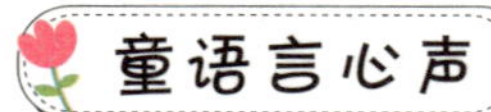

童语言心声

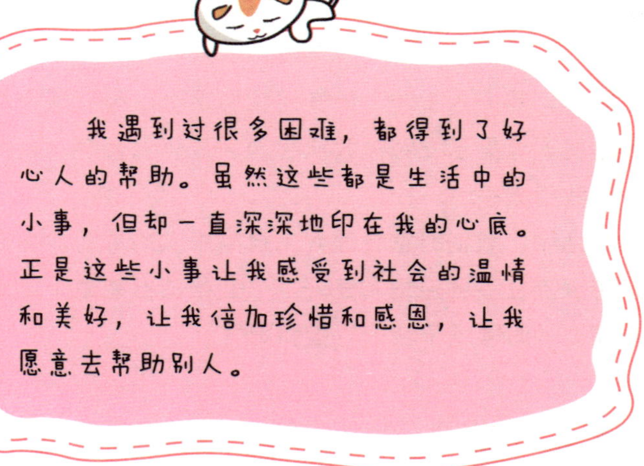

我遇到过很多困难，都得到了好心人的帮助。虽然这些都是生活中的小事，但却一直深深地印在我的心底。正是这些小事让我感受到社会的温情和美好，让我倍加珍惜和感恩，让我愿意去帮助别人。

读懂社会恩

如何在得到陌生人帮助的时候回报这份爱呢？

⭐ 懂得感恩和回报，在路上遇到帮助我们的人，可以立刻对对方表示感谢和祝福；如果是我们经过的地方，还可以在碰到对方时用行动表示感谢。

⭐ 珍惜这些美好的瞬间和回忆，将这份爱心和善意传递给更多的人。当别人问路时，提供帮助；有多余的伞时，借给对方；在别人手里忙不开的时候搭把手等；帮不认识的邻居开门等。

·国家篇·

有悠久的历史和灿烂的文化

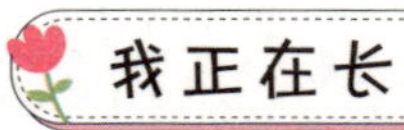

我正在长大

我国拥有悠久的历史和灿烂的文化。从远古时期的部落联盟到夏、商、周等朝代的更迭，再到秦、汉、唐、宋、元、明、清等大一统王朝的建立与繁荣，我们的国家经历了无数的变迁和发展。

中国文化博大精深、源远流长，涵盖了哲学、文学、艺术、科技、宗教等多个领域，灿烂的文化极富魅力。

能看见的爱

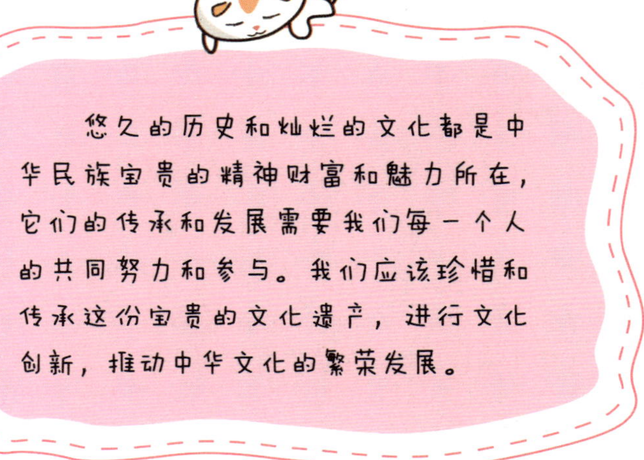

如何在社会需要的时候回报这份爱呢？

⭐ 提高自己对中华文化的认同感和自豪感。深入学习我国的历史文化，了解古代文学、哲学、艺术、科技等方面的成就，体会中华文明的博大精深。

⭐ 积极参与优秀传统文化传承活动，如学习传统技艺、参与文化节庆、传承非物质文化遗产等，将优秀传统文化发扬光大。

⭐ 倡导文明旅游，注意保护旅游景点的文化遗产，不破坏、不涂画、不随意带走文物古迹。

有强大的国防力量

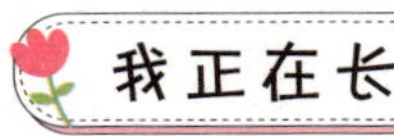

我正在长大

国防力量是指国家为防备和抵抗侵略，制止武装颠覆，保卫国家的主权、统一、领土完整和安全所进行的军事活动，以及与军事有关的政治、经济、外交、科技、文化等方面的活动，是国家综合实力的重要组成部分。

国防力量主要由军事力量、政治力量、经济力量、科技力量、社会力量等多种力量构成，其中军事力量是国防力量的主体。我国的国防力量在近年来取得了显著的发展。

能看见的爱

童语言心声

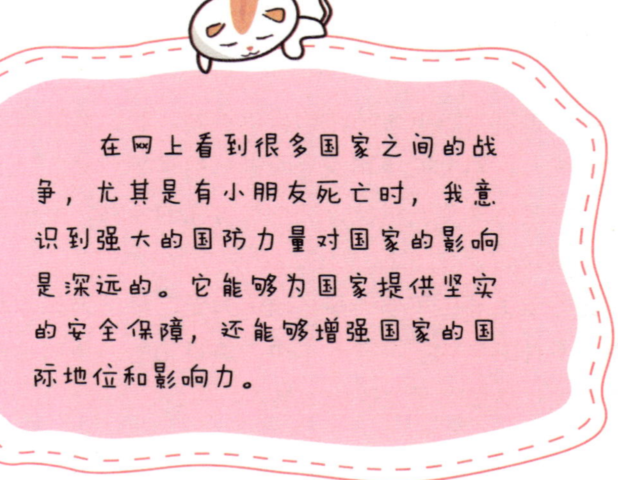

在网上看到很多国家之间的战争，尤其是有小朋友死亡时，我意识到强大的国防力量对国家的影响是深远的。它能够为国家提供坚实的安全保障，还能够增强国家的国际地位和影响力。

读懂国家恩

如何在国家需要的时候回报这份爱呢？

从小学习文化知识，提高自己的身体素养，长大后为国家的国防力量贡献自己的力量。

热爱我们的国家，积极维护我们国家的安全、主权和领土完整。

任何时候，把我们国家的利益和尊严放在第一位，平时多把自己看到的、听到的分享给更多的人。

在危险面前提供保障

我正在长大

在危险面前，国家提供了很多方面的保障，以确保公民的生命、财产安全和社会的稳定。

我们国家在军事保障力量上、公共安全体系建设上、法律法规保障上、社会医疗和生活保障上都制定了相应措施，国家在危险面前提供的保障是多方面的、全方位的。

能看见的爱

童语言心声

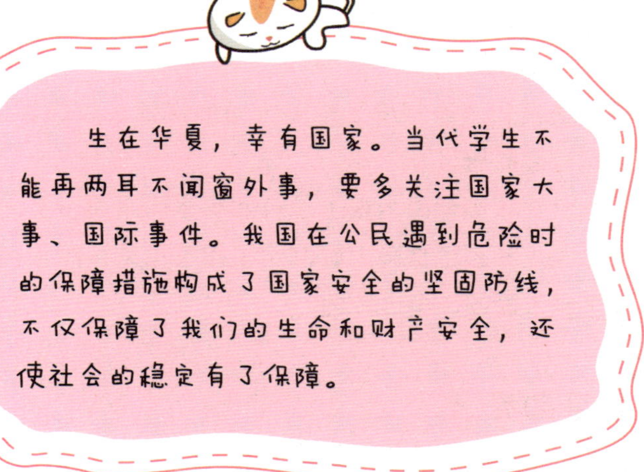

生在华夏，幸有国家。当代学生不能再两耳不闻窗外事，要多关注国家大事、国际事件。我国在公民遇到危险时的保障措施构成了国家安全的坚固防线，不仅保障了我们的生命和财产安全，还使社会的稳定有了保障。

读懂国家恩

如何在国家需要的时候回报这份爱呢？

- 认真学习的同时，关心和支持国防事业，了解国防知识，增强国防观念，爱国守法，不做违法乱纪的事情。

- 积极参与社会公益活动，传播正能量，促进社会的和谐稳定；积极参与国家安全教育和宣传活动，提高自己和周围人的国家安全意识。

- 参与志愿服务，传递爱心，为受灾群众提供力所能及的帮助。了解国家的历史和文化，培养自己的爱国情怀。传承和弘扬中华民族的传统美德和民族精神，为国家的繁荣富强贡献自己的力量。

让人们有更好的生活

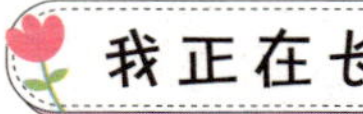

我正在长大

我们国家渐渐走向了繁荣富强，人们也拥有了更好的生活。这不仅提升了我们的物质生活水平，还丰富了我们的精神世界；不仅能够保障我们的基本生活需求，还能为我们提供更加广阔的发展空间和更加美好的未来。

当我们国家实现繁荣富强时，说明我国在经济、科技、文化、教育、医疗等领域都取得了显著的进步和发展，人们的生活质量得到显著提升。

能看见的爱

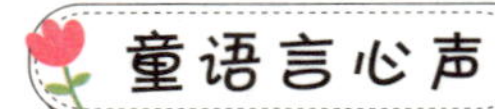

童语言心声

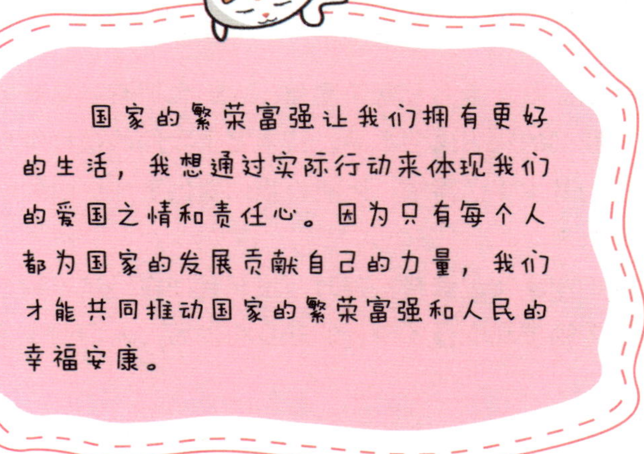

国家的繁荣富强让我们拥有更好的生活，我想通过实际行动来体现我们的爱国之情和责任心。因为只有每个人都为国家的发展贡献自己的力量，我们才能共同推动国家的繁荣富强和人民的幸福安康。

读懂国家恩

如何在社会需要的时候回报这份爱呢？

关注国家的政策动态，理解并支持国家的各项方针政策，为国家的改革和发展贡献力量。

注重个人素质的提升，包括教育水平、文化素养、身心健康等方面。

倡导绿色生活，保护环境资源。积极参与环保行动，倡导绿色、低碳、可持续的生活方式。关注社会弱势群体，传递爱心与温暖。